EL REY VERDADERO

EL REY VERDADERO

ESCRITO POR NANCY GUTHRIE
ILUSTRADO POR JENNY BRAKE

B&H
niños
Brentwood TN

Hay muchos libros que cuentan historias sobre reyes y reinos, príncipes y princesas.

Pero hay un solo problema con todas estas historias: no son ciertas. Son historias bonitas, pero no son historias verdaderas.

Sin embargo, hay un libro que cuenta una gran historia sobre un rey y un reino. Es la historia más verdadera que jamás se haya contado: la historia del Rey verdadero que gobierna sobre Su pueblo en perfecta bondad, en un reino que durará para siempre.

Nos referimos a la historia de la Biblia. Esta historia no empieza con «érase una vez», sino que inicia desde el principio de los tiempos.

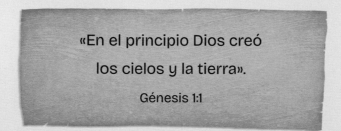

«En el principio Dios creó los cielos y la tierra».

Génesis 1:1

La Biblia empieza diciéndonos que Dios es el gran Rey sobre Su reino. Su reino son los cielos y la tierra que creó de la nada. En el corazón de Su reino, había una vez un hermoso jardín llamado Edén, donde vivían Adán y Eva disfrutando de la bondad del gran Rey.

A Adán y a Eva se les dijo que tuvieran muchos hijos e hicieran crecer el Edén, de tal modo que todo el desierto, que estaba fuera del Edén, se convirtiera en un jardín lleno de muchos frutos y flores con personas que estuvieran felices por estar con el gran Rey.

El gran Rey plantó todo tipo de árboles en el Edén, de los cuales Adán y Eva podían comer. Pero había un árbol del que no podían comer, y se llamaba el árbol del conocimiento del bien y del mal. Si comían la fruta de este árbol prohibido, morirían.

Toda la vida en el reino del jardín era bueno... perfectamente bueno... hasta que...

Un reino adversario invadió el Edén. Una serpiente mentirosa le dijo a Eva que lo que el gran Rey dijo sobre el árbol prohibido era mentira. Dijo también que Adán y Eva podrían ser el rey y la reina en su propio reino. Cuando Eva vio el fruto del árbol prohibido, pensó que era bueno y que la haría sabia.

Así que tomó un poco de la fruta y se la comió, y también le dio un poco a Adán. Parecía algo sencillo, pero fue un acto de rebelión y rechazo al gobierno del gran Rey. Cuando comieron del árbol prohibido, todo cambió. Y cuando oyeron al gran Rey caminando por el jardín, en lugar de correr hacia Él, se escondieron de Él.

El gran Rey maldijo a la serpiente y a la tierra, y el impacto de esa maldición se sintió en todo el reino. El gran Rey también les dijo a Adán y a Eva que las cosas que una vez los hicieron felices ahora serían difíciles. En lugar de disfrutar de una vida que nunca se acabaría en el jardín, un día morirían y serían enterrados en el polvo de la tierra.

Pero ese día, Adán y Eva no solo escucharon la maldición. El gran Rey también hizo una promesa de gracia. Prometió que un día nacería un bebé que sería el Rey verdadero. La serpiente le haría mucho daño, pero el Rey verdadero la vencería, aplastaría la cabeza de la serpiente y pondría fin a la maldad de la serpiente.

El gran Rey le declaró la guerra al poder del pecado y de la muerte. Desde entonces, dos fuerzas opuestas han estado en guerra en el mundo: el reino del gran Rey y el reino de la serpiente malvada.

Debido a que Adán y Eva desobedecieron a Dios, fueron expulsados del reino del Edén al desierto del mundo. Pero el gran Rey no estaba contento con que Su pueblo viviera lejos de Él y de Su bendición. Entonces empezó a elaborar un plan para traer a Su pueblo de regreso a Su reino.

Había un hombre llamado Abraham que vivía en un lugar llamado Ur, lejos de la tierra de Dios. Dios, el gran Rey, se acercó a él y le hizo increíbles promesas que no merecía.

Dios le prometió a Abraham que sería el padre de una familia que crecería hasta convertirse en una gran nación, un pueblo majestuoso. Dios prometió que le daría a Su pueblo una tierra donde vivirían bajo Su reinado amoroso y disfrutarían de Su bendición. Dios prometió que todas las familias de la tierra serían bendecidas a través de la familia de Abraham.

La familia creció y fue a Egipto cuando hubo una hambruna para buscar comida. Allí la batalla entre el reino del gran Rey y el reino de la serpiente malvada continuó haciendo mucho daño. Faraón, un hijo de la serpiente, hizo de esta familia sus esclavos y trató de destruirlos.

Pero Dios envió a Moisés para sacar a Su pueblo de Egipto a fin de que pudieran servir al gran Rey en lugar de servir al Faraón que era muy malo. Moisés les dio la ley de Dios para que supieran cómo vivir en Su tierra y ser Su pueblo santo.

Luego los trajo a Su tierra en Canaán. Si se mantenían fieles al gran Rey, vivirían allí disfrutando de Su bendición para siempre.

Dios, el gran Rey, prometió darle a Su pueblo un rey humano, un rey que los protegería con poder y que gobernaría sobre ellos con bondad.

Muchos años después, un niño llamado David estaba en un campo cuidando a las ovejas de su padre, cuando fueron a llamarlo para que volviera a su casa. Samuel, el siervo del gran Rey, había llegado para contarles que David sería rey sobre Israel.

David fue a ver a sus hermanos mayores en el campo de batalla. Un filisteo llamado Goliat, que estaba cubierto con una armadura que parecía la piel de una serpiente, estaba amenazando al pueblo de Dios con ser esclavos de los filisteos. El joven David salió a luchar contra Goliat, solo. David le rompió la cabeza a Goliat al tirarle una piedra con su honda.

Así como Dios le hizo promesas increíbles a Abraham, Dios también le hizo promesas increíbles a David. Dios le prometió a David que uno de sus hijos se convertiría en rey después de él, y que el reino de este hijo duraría, no solo unos pocos años, sino ¡para siempre!

Salomón se convirtió en rey después de David, y todos se preguntaban si Salomón era el hijo que Dios había prometido, cuyo reino duraría para siempre. ¡El reino de Salomón era muy grande! Él construyó el templo en Jerusalén para que el gran Rey viviera entre Su pueblo. Salomón tuvo grandes riquezas y gran sabiduría y, en su reinado, el pueblo de Dios disfrutó de una vida de paz. Pero Salomón murió.

Después de la muerte de Salomón, uno de sus hijos se convirtió en el siguiente rey. De hecho, durante cuatrocientos años los hijos y nietos de David, y los hijos y nietos de ellos, llegaron a ser reyes. Aunque algunos de estos reyes hicieron algunas cosas buenas, otros hicieron muchísimo daño.

En lugar de amar y disfrutar solo de la bondad del gran Rey, buscaron felicidad y seguridad en otros reinos. Ninguno de estos reyes resultó ser el Rey verdadero que Dios había prometido.

Con mucha tristeza, llegó el día en que el pueblo de Dios se volvió tan malo que se vieron obligados a abandonar la tierra que Dios les había dado. Fueron llevados a vivir a un reino lejano llamado Babilonia.

Después de setenta años en Babilonia, algunos del pueblo de Dios regresaron a la tierra que el gran Rey les había dado. Allí empezaron a esperar.

Esperaron a que uno de los hijos de David estableciera un reino que duraría para siempre. Esperaron mucho tiempo. Algunas personas del pueblo de Dios se cansaron de esperar y dejaron de buscar la llegada del Rey verdadero.

Pero entonces un ángel se le apareció a una joven llamada María. El ángel le dijo a María que iba a tener un hijo y que su hijo sería el Rey eterno que Dios le había prometido a David. El ángel dijo que Su reino duraría para siempre.

Y efectivamente, en la ciudad real de David, nació en este mundo el Rey verdadero. El hijo del gran Rey dejó la gloria del reino celestial de Su Padre para nacer en la tierra como un bebé. Lo llamaron Jesús. Él salvaría a Su pueblo de sus pecados.

Pero Jesús en realidad no parecía un rey. Los reyes nacen en palacios, y Jesús nació en un pesebre. Es de esperar que los reyes sean servidos, pero Jesús vino a servir. Los reyes están rodeados de personas importantes, pero Jesús estaba rodeado de pescadores. Los reyes usan coronas de oro, pero a Jesús se le dio una corona de espinas.

Jesús no es un rey como los otros reyes de este mundo, y Su reino no es como los otros reinos de este mundo.

Jesús le enseñó a la gente a orar al gran Rey: «Venga tu reino, y hágase tu voluntad en la tierra como en el cielo». En el cielo, todo es exactamente como debería ser. Nada ha sido dañado por el pecado. Todos los que viven en el reino de los cielos obedecen al gran Rey y disfrutan de Su bondad.

Jesús le enseñó a orar a Su pueblo para que el reino de los cielos venga a la tierra. Y algún día será así.

Durante Su tiempo en la tierra, Jesús, el Rey verdadero, le ayudó a Su pueblo a ver cómo será la vida cuando el reino celestial de Dios venga a la tierra.

Él sanó a las personas enfermas, mostrando que la enfermedad no tendrá lugar en Su reino cuando este llegue.

Él les ordenó a los demonios que se fueran, porque nada malo ocurrirá en Su reino venidero.

Hizo que una tormenta se detuviera, demostrando que en Su reino toda la naturaleza obedece a Su mandato.

Alimentó a multitudes de personas, dándoles una muestra de la bondad en Su reino.

Jesús les dio la bienvenida a todas las personas que, al poner su confianza en Él, fueron recibidas en Su reino. Pero al príncipe del reino rival no le gustó eso, entonces la guerra continuó entre el reino del gran Rey y el reino de la serpiente antigua. La serpiente hizo todo lo posible para destruir a Jesús. Puso en los corazones de algunas personas el deseo de matar a Jesús.

Cuando el Rey verdadero fue condenado a muerte en una cruz, Sus enemigos pensaron que estaban poniendo fin a Su reino. No sabían que, en Su muerte, Dios estaba vertiendo sobre Su Hijo inocente el castigo que las personas culpables merecían, de tal modo que Su pueblo pudiera vivir en Su presencia para siempre.

El cuerpo de Jesús fue colocado en una tumba. Pero tres días después, volvió a la vida. Al vencer a la muerte, Jesús, el Rey verdadero, aplastó la cabeza de la serpiente antigua.

Jesús pasó cuarenta días con Su pueblo, enseñándoles más sobre Su reino. Después subió a los cielos. El gran Rey derramó Su Espíritu sobre Su pueblo, dándoles poder para llevar las buenas nuevas de Su reino a las personas de toda la tierra.

Ahora mismo, el Rey verdadero está sentado a la derecha del gran Rey en el cielo. El reino de Dios se está extendiendo por todo el mundo a medida que las buenas nuevas del Rey verdadero son compartidas y aceptadas por todos los que se alejan del pecado y se unen a Jesús.

El reino de Dios viene ahora cuando la gente se postra ante Jesús como su Rey verdadero.

Las personas del reino son aquellos que anhelan que el Rey verdadero venga a esta tierra de nuevo. ¡Y un día lo hará!

Anhelan que el Rey verdadero castigue el mal y recompense lo que es bueno. ¡Y un día lo hará!

Anhelan que la gracia y la verdad del Rey verdadero se extiendan a todos los rincones del mundo. ¡Y algún día lo hará!

Un día vendrá Su reino. Su voluntad se hará en esta tierra de la misma manera que se hace ahora en el cielo. El cielo vendrá a la tierra cuando Jesús, el verdadero Rey del cielo, venga de nuevo a la tierra. Ese día la tierra se convertirá en el cielo.

Cuando Jesús, el Rey verdadero, venga de nuevo, destruirá a la serpiente antigua para que nunca vuelva a lastimar a las personas del reino.

Cuando Jesús, el Rey verdadero, venga de nuevo, toda la creación será hecha nueva. Será como un jardín que, incluso, será mejor que el Edén. Todas las personas que han sido salvadas por el Rey vivirán juntas en la tierra de Dios.

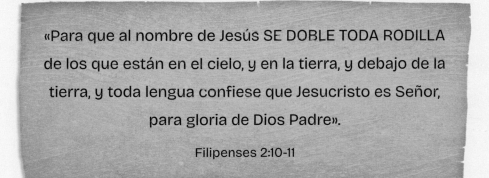

«Para que al nombre de Jesús SE DOBLE TODA RODILLA de los que están en el cielo, y en la tierra, y debajo de la tierra, y toda lengua confiese que Jesucristo es Señor, para gloria de Dios Padre».

Filipenses 2:10-11

Su tierra se extenderá a todos los rincones del mundo. Cada persona cuyo nombre está escrito en el libro de la vida que escribió Dios vivirá allí bajo el reinado del Rey de reyes.

En ese día cuando el Rey verdadero venga de nuevo, el pueblo de Dios escuchará las buenas noticias que han anhelado escuchar desde que Adán y Eva tuvieron que abandonar el jardín del Gran Rey,

desde que Dios llamó a Abraham para ser el padre de un pueblo majestuoso,

desde que Moisés los sacó de Egipto para ser una nación santa,

desde que Dios le prometió a David un trono que duraría para siempre,

desde que Jesús ascendió a Su trono en el cielo.

Todos escucharán:

«El reino del mundo ha venido a ser el reino de nuestro Señor y de Su Cristo. Él reinará por los siglos de los siglos».
Apocalipsis 11:15

Solo hay un reino que es verdadero,

un reino que durará para siempre,

un reino con un Rey que es capaz de reinar sobre este
mundo y en nuestros corazones para siempre.

¡Anhelamos que venga nuestro verdadero Rey! Así que oramos
al gran Rey: «Padre nuestro que estás en los cielos, que Tu
nombre sea honrado, que venga Tu reino».

SOBRE LA AUTORA

Nancy Guthrie enseña la Biblia en su iglesia local, Cornerstone Presbyterian Church en Franklin, Tennessee, así como en conferencias en todo EE. UU. e internacionalmente. Ella es la anfitriona del pódcast *Help Me Teach the Bible* [Ayúdame a enseñar la Biblia] de Coalición por el Evangelio y es autora de numerosos libros, incluyendo *What Every Child Should Know About Prayer* [Lo que todo niño debería saber sobre la oración] y *Veo a Jesús*.

B&H Publishing Group
Nashville, TN 37234

Diseño de portada: Jenny Brake
Clasificación Decimal Dewey: C231.72
Clasifíquese: REYES Y GOBERNANTES \ REINO DE DIOS \ HISTORIAS BÍBLICAS

ISBN: 978-1-0877-8293-5
Impreso en China
1 2 3 4 5 * 27 26 25 24